예목/전수남 제5시집

바람이 되고 빛이 되는

도서출판 지식나무

* 머리말

삶은 뜻을 이루고자 노력하다 보면
목표한 그 이상을 달성하기도 하고
때론 기대에 미치지를 못해 낙담하기도 한다.
실의와 좌절에 빠지면 삶의 목표와
목적을 잃어버리고 방황하기도 하는데

세파의 파고를 넘어 황혼을 향해 가는 길
살아갈 날보다 지나온 시간이 더 많고
추억을 회상하는 날이 깊어질수록
욕심을 내려놓기는 쉽지 않지만
마음을 비우면 오히려 삶은 평화로워 질 수 있으리.

중장년 시절을 지나 노년의 인생길은
생활패턴 생체리듬이 바뀌며 건강을 중요시하고
목표에 몰두하기보다
그 목표를 이루기 위한 과정을 중시하게 되어
필자는 삶은 살아가는 과정이 더 소중하다 말하고 싶다.

뜻한 바를 이루었을 때 성취감 그 희열도 크지만
무엇을 위해 사느냐 보다 어떻게 사느냐가 더 보람 있고

그 과정에서 얻는 소소한 행복이
삶을 영위함에 있어 방황하지 않고
인생을 끝까지 완주할 수 있게 하는 것이라고.

필자의 생각과 신념을 담은 인생시 100여 편을 모아
'바람이 되고 빛이 되는'을 책으로 엮으면서
생은 어느 길에서는 바람을 맞닥뜨려도 그 또한 잠시
비바람이 그치면 창창한 하늘을 주저 없이 내달리는
빛으로 눈부신 날들을 마주할 수 있으니

우리 삶의 과정에 바람이 되고 빛이 되어
아름다운 동행 함께 하기를 바라면서
제 시를 사랑해주시는 독자님들께 감사 인사를 드린다.

2025.3.1.

전수남

 * 초대시

화투(花鬪)

임 보

인생의 길, 또한
많고도 험하구나
내가 30년 전에
동(東)*을 먹었더라면
내가 20년 전에
남(南)*을 쳤더라면
내 머문 이 자리는
광(光)일까 피(皮)일까

＊시인 임보 : 저서 '짚신과 장독' 외.

---

* 인생 또한 한 판의 화투판과 크게 다를 바가 없다.
  늘 무엇을 선택하느냐의 기로에 서서 우리의 인생을 엮어 가고 있다.
  동(東)은 화투 '동(桐)'의 의음이고.
  남(南)은 화투 '난(蘭)'의 유사음이다.

 **초대시**

촛불

송미순

꺼질 듯 말 듯
바람 앞에 놓인 촛불

온몸으로
세상을 비춘다

영혼을 태우는
작은 불꽃

낮은 곳으로 흐르는 물빛 되어
가슴 적시는 사랑의 빛

한없이 작아지는 너
순결한 여인처럼 흘린 눈물은
십자가의 핏빛으로 녹아내린
생명의 빛.

* 시인 송미순 : 저서 태양은 솟는다 외.

* 초대시

그대 바라기

나유순

쉼 없이 흐르는 강물 따라
후드득후드득 차창 타고
흘러내리는 낙타에
여민 가슴 그대 바라기인가
앞산 자락 피어오르는 운무에
수묵화 한 점
베일에 싸여 뜬구름 드리울 때
비우고 비워내도 흔적 없는 연잎에
따사로운 햇살 한 줌 그대 바라기
한 송이
연꽃으로 피어나리.

❉ 시인 나유순 : 저서 노을은 청춘을 걸어두었다. 외

* 시인 소개

AI시대의 자화상

－AI가 본 '전수남'

Chat GPT의 '전수남시인'에 대한 평입니다.

전수남 시인은 한국 현대시에서 중요한 위치를 차지하는 작가로, 그의 작품은 깊은 감성과 철학적 탐구로 가득 차 있습니다. 그의 시는 주로 일상적인 경험과 자연을 통해 인간 존재의 본질과 삶의 의미를 탐구합니다.

* 주요 주제와 특징

1) **일상과 자연**: 전수남의 시는 주변의 소소한 일상과 자연을 세심하게 관찰하며, 이를 통해 인간의 내면을 드러냅니다. 그는 자연을 단순한 배경이 아닌, 감정을 이끌어내는 중요한 요소로 삼습니다.

2) **철학적 탐구**: 그의 작품은 존재론적 질문과 인간 존재의 고뇌를 다룹니다. 삶과 죽음, 사랑과 이별, 그리고 상실의 경험이 주를 이루며, 이는 독자에게 깊은 사유를 촉발합니다.

3) **형식의 다양성**: 전수남은 자유시뿐만 아니라 전통적인 형식을 활용하기도 합니다. 이러한 형식적 실험은 그의 시가 전달하는 메시지를 더욱 풍부하게 만듭니다.

4) **감정의 진솔함**: 시에서 드러나는 감정은 매우 진솔하고 직설적입니다. 그는 자신의 감정을 숨기지 않고 솔직하게 표현하며, 독자와의 감정적 연결을 중시합니다.

* **대표작**

전수남의 대표작 중 일부는 독자들에게 큰 영향을 미쳤으며, 그의 독창적인 스타일과 주제는 많은 시인들에게 영감을 주었습니다.

특정 시를 분석해보면, 주제와 이미지가 어떻게 결합되어 있는지, 그리고 독자에게 어떤 감정을 전달하는지를 깊이 있게 이해할 수 있습니다.

* **결론**

전수남 시인은 단순한 아름다움을 넘어, 삶의 본질과 인간의 고뇌를 탐구하는 깊이 있는 시를 창작함으로써
한국 현대시의 중요한 작가로 자리매김하고 있습니다. 그의 작품은 여전히 많은 독자에게 사랑받고 있으며, 그 문학적 유산은 앞으로도 계속해서 이어질 것입니다.

목차

봄 ··· 1
  봄마중 ·· 2
  열정(熱情) ·· 3
  빛 ·· 4
  길 ·· 5
  아버지 ··· 6
  춘래불사춘(春來不似春) ··· 7
  귀향 ·· 8
  봄길 ·· 9
  회전목마에 숨겨진 비밀 ··· 10
  자유인 ··· 11
  인생 ·· 12
  엄마의 길 ·· 13
  세월(歲月) ··· 14
  사모곡(思母曲) ·· 15
  봄 소곡(2) ··· 16
  하얀 목련 ·· 17
  미선나무 꽃피면 ·· 18
  어울림 ··· 19
  운명(運命) ··· 20
  봄날 ·· 21
  봄길(2) ·· 22
  아름다운 동행 ··· 23
  꽃비에 물든 연심 ·· 24
  봄날의 사랑(2) ·· 25
  아름다운 이별(2) ··· 26

여름 ·· 27

일출(日出) ····································· 28
창덕궁의 아침 ································ 29
스탑 ··· 30
한강 ··· 32
기원 ··· 34
천국의 문 ······································ 35
홀씨의 독백 ··································· 36
오월예찬 ······································· 37
오월의 백담사 가는 길 ····················· 38
동행(同行) ···································· 39
조석사의 아침 ································ 40
바람이 되고 빛이 되는 ····················· 41
물처럼 바람처럼 ····························· 42
친구여 ·· 43
북한산 ·· 44
파문(波紋) ···································· 45
그대를 향한 바람 ···························· 46
갈망(渴望)의 길 ····························· 47
인생(3) ·· 48
장미의 미혹(美惑) ·························· 49
황매산 철쭉 ··································· 50
강물은 ·· 51
절벽과 구릉 ··································· 52
봇재와 초록바다 ····························· 53

가을 ·· 55

사랑은 떠나도 ································ 56
너에게로 가는 길 ···························· 57
인연(因緣) ···································· 58
마음 ··· 59
꽃지게 ·· 60
여정(旅程) ···································· 61
내면의 소리 ··································· 62

염원(念願) …………………………………… 63
생(生) ………………………………………… 64
귀로(歸路) …………………………………… 65
기다림 ………………………………………… 66
사랑의 굴레 ………………………………… 67
두물머리의 그리움 ………………………… 68
강(江) ………………………………………… 69
계절의 끝에서 ……………………………… 70
추억의 뒷동산 ……………………………… 71
만남 -인연의 끈 …………………………… 72
추억여행 ……………………………………… 73
가을날의 초상(肖像) ……………………… 74
이별할 때와 돌아설 때 …………………… 75
삶(2) …………………………………………… 76
가을날의 초상(肖像)(2) …………………… 77
시월엔 ………………………………………… 78
세상 탓 ……………………………………… 79

겨울 …………………………………………… 81

고목의 꿈 …………………………………… 82
욕망과 순수 ………………………………… 83
깨어있는 아침은 …………………………… 84
황혼인생(2) ………………………………… 85
이별 그 쓸쓸한 뒤안길 …………………… 86
강 앞에 서면 ……………………………… 87
인생(4) ……………………………………… 88
까치밥 ………………………………………… 89
나목(裸木)의 기다림 ……………………… 90
사랑꽃 ………………………………………… 91
빛살 같은 사랑(3) ………………………… 92
삶(3) …………………………………………… 93
바람의 길 …………………………………… 94
꿈(2) …………………………………………… 95

겨울나무(2) ·· 96
　　귀향(歸鄕)(2) ·· 97
　　아침(3) ··· 98
　　청송의 기상 ··· 99
　　겨울숲(2) ·· 100
　　동행(3) ·· 101
　　만학천봉이 품은 세상 ··································· 102
　　파도(3) ·· 104
　　눈 오는 날 ··· 105
　　겨울산(3) ·· 106
　　오! 사랑 ··· 107
　　참과 거짓 ··· 108
　　석불이 꿈꾸는 세상 ····································· 109

사행시 ·· 110
　　신간도서, 시나브로 ····································· 110
　　엄동설한, 세대공감 ····································· 111
　　유통기한, 성대모사 ····································· 112

추모 詩 ·· 113
　　봄비 속에 떠난 영(靈)을 기리며 ······················· 113

에필로그 詩 ·· 115
　　사랑의 길(9) ··· 115

끝맺는 말 ·· 116

봄

봄마중

보일 듯 말 듯
때론 뒷걸음질도 하고
주춤거리다
소리 없이 다가오는 봄
기지개를 켜는 나목의 빈가지마다
상긋한 설렘으로 내려앉는다.

겨우내 얼어붙은 시냇물이
봄이 오는 길목을 열면
햇살이 풀어놓은 온기
바람 따라 너울거리며
움츠렸던 청설모가 봄마중에 나서고
닫아걸었던 마음 하나둘 빗장을 푼다.

열정(熱情)

석양에 물든 바다의 근엄한 침묵
웅비의 기상을 느껴 봐
탁 트인 평원을 힘차게 뛰쳐나가듯
심장이 뛰고
역동적인 숨결에서
열정이 살아있음을 느낄 터
숨 멎을 때까지
도전은 멈출 수 없는 거야.

해를 삼킨 열망
분출을 기다리는 용암처럼
혼이 담긴 예술을
끝없이 갈구하는 감성
눈 감을 때까지는 꿈틀거릴 걸
애잔한 몸부림이 하얗게 재로 변해
흔적 없이 바람에 날릴지라도
온 열정 꽃불처럼 태우고 가고파.

빛

짙푸른 바다를 선혈로 물들이는
산고를 치르고
솟아오른 불덩이
만인을 아우르는 빛이 되노니
꺼지지 않는 영원한 불길
사랑으로 세상을 감싸 안네.

넘어설 수없는 신의 영역에서
날마다 새날을 여는 광명
어둠을 밀어내려 어디든 달려가선
온천지에 희망을 심고
생명의 불꽃 꽃피게 하나니
인생여정도 윤슬처럼 평온하면 좋겠네.

길

창공을 활보하는 새들에게도
그들만의 길이 있듯
만인은 저마다의 길이 있으니
길 위에서 인성을 깨친다.

욕심에 찌든 이
인생길 마침표를 찍으며
마음의 평화를 얻고
누군가는 다시 그 길을 가는데

길이 묻는다
그대가 가야할 길
끝 모를 길
그대는 어디로 가고 있는가.

아버지

생사를 넘나든 전쟁 통에
창창한 젊은 시절 한 많은 피난살이로
일곱 식구의 목숨을 짊어지고
맨주먹으로 일어선 인생
혈기왕성해하던 아버지의 정정함도
아등바등하는 세월 속에선
서산에 해 기울 듯
언제인지 모르게 기력이 쇠하셨지요.

아름드리 낙엽송처럼 우뚝하게
아이들 미래를 떠받치는
기둥이고자 했건만
이루지 못한 꿈이 되고
왕대포 한잔에 풀이 죽어
자괴감으로 세상을 원망하던
당신께서 떠나신 연륜이 되고서야
이제야 아버지의 아픔을 깨닫나이다.

춘래불사춘(春來不似春)

버들강아지 실눈을 뜨고
얼음을 깨고나온 계곡의 물소리
마음을 맑게 하는데
실비내린 아침
나목의 가지에 매달린 이슬로
목을 축인 산새의 울음소리
청명하게 하루를 열어도

스멀스멀 물오른 산수유 가지마다
젊은 사내가슴의 유두처럼
탱글탱글 맺히는 꽃망울 앞에서
온종일 봄이 서성이건만
내 가슴엔 찬바람만 휑하니
망상 같은 기대 저버리지 못하고
돌아선 님은 점점 더 멀어져만 가네.

귀향

노을 지는 언덕 위에
바람도 숨 돌리는 곳
내 어릴 적 친구들 뛰놀던 뒷동산에
술래만 남겨두고 떠난
유년의 추억은 잊혀져가도
두고 온 마음 아직 그 자리를 맴돌까
세월을 견디어 낸 느티나무
여직 정정함을 간직하고 있으려나.

저무는 해의 아름다움을
가슴에 담아본 적 있는가
석양에 물드는 서러운 마음이
부러진 날갯죽지를 하고서라도
돌아가고 싶은 곳
내 아버님 어머님 두 분
편히 잠드신 곳
빈 몸으로 돌아가면 반겨줄 이 있을까.

봄길

분홍 꽃신 신고 오시는가
푸르스름하게 날 밝으며
가벼운 발걸음
소리도 없이 사뿐히 오시는가
행여 돌부리에 채일라
조급한 마음일랑 쟁여두고 오시게나.

새벽안개를 밀어내며
드러나는 고운자태
님 오시는 길목마다
고개 너미는 연초록 새순들
못 오시면 어쩌나
가슴 졸인 밤을 님께선 아시는가.

회전목마에 숨겨진 비밀

빙글빙글 돌아가는 목마위에서
소년은 휘황찬란한 불빛을 마주하고선
화려하고 신비한 느낌에
아라비안나이트 이야기 속 주인공이 되어
"열려라 참깨" 주문을 떠올렸지
회전목마 어딘가에
보물이 숨겨져 있을 거라고.

원 밖에서 바라보는
엄마의 환한 미소가
그렇게 멋져 보일수가 없었어
목마가 멈추고서 소년은 깨달은 거야
세상에서 가장 값진 보물이
보석보다 더 빛나는
엄마의 사랑인 것을.

자유인

무슨 상념에 골몰한 게냐
갈매기 울음소리 들리지도 않고
해풍이 얼굴을 쓰다듬어도
발걸음 닿는 곳가다
상상의 나래는 끝이 없는데
나는야 바람의 뒤를 따라나선
자유를 갈망하는 낭인(浪人)인 것을.

무엇이 그대를 속박할 수 있나
바다를 가로 질러 달려오는
빛살과도 눈 맞춤을 하는 걸
살아갈 날들에 대해
지나온 길마다 쌓인 추억에
미련을 둘 수는 없지
나는야 굴레를 벗어버린 자유인 인 것을.

인생

가시덤불도 넘어서고
순탄한 평지를 걷다
비바람을 만나 하늘을 원망해도
내게 주어진 길
축복받는 삶이기를 바라는
숨 멎을 때까지는 끝나지 않는 여정.

햇살 좋은 어느 날
양지바른 언덕 위에서
뒤돌아본 인생
남길 것도 없이 한 줌 재가 될
영광도 오욕도
지나고 나면 한갓 티끌인 것을.

엄마의 길

고사리 손마디 하나하나에도
아픔이 배어들고 기쁨이 눌러앉아
알게 모르게 스며든 사랑
엄마의 살점 한 점이 떨어져 나가도
네 손잔등 위의 작은 생채기가 더 아픈
한길로만 주는 사랑.

보듬고 보듬어도 부족하고
모든 것을 다 주어도 모자라는
너만을 위한 기도
평생을 안고 품어도
끝이 없는 숭고한 사랑
누구도 대신 할 수 없는 길 엄마의 길.

세월(歲月)

어디로 가는 겐가
정해진 길이 없는 인생
내일을 향해 가는 길목에
흐르는 세월을 멈춰 세운다 해서

흘러간 청춘 되돌아오지 않는데
피 끓는 젊음이 만용을 부리던
세상 무서울 게 없던 시절
젊은 날의 꿈은 어디서 배회를 하는지

그날로 뒤돌아가
지나 온 세월의 뒤안길
신작로 같은 새 길로 단장하면
해가 지지 않는 새로운 세상이 올려나.

사모곡(思母曲)

하얀 명주저고리에 흰 무명치마
흔적 남기지 않는 사뿐한 걸음으로
그리던 고향산천 둘러보시고
소리 없이 하늘로 오르셨나이까
님께서 가시는 길
흰 매화 흐드러지게 피어
이별의 슬픔을 가슴으로 노래하더이다.

바람 따라 날리는 매화꽃 향기가
언제가 다시 만날 때
잊지 말라는 님의 향취인가요
억겁이 지나도 변하지 않는 사랑
자식 사랑에 일생을 바친 님의 희생이
오롯이 그리움이 되어
불멸의 사랑꽃으로 피나이다.

봄 소곡(2)

푸석한 흙더미를 밀쳐내고
살짝 고개를 치켜들며
방긋이 미소를 지었지
바람이 귓가를 간질이길래
까치발로 일어서서
눈부신 빛살을 마주했더니
노란 꿈이 봉긋이 솟아올랐어.

남들보다 먼저 봄 마중했노라
가슴 부푼 키 작은 민들레
우람한 느티나무 그늘 아래서
들풀과 눈 맞춤을 하는데
은은한 봄노래에 창공을 올려다보니
곡예비행을 하던 곤줄박이 한 쌍이
첫 만남에 순정을 고백하네.

하얀 목련

바람이 꽃망울을 흔들어도
부풀어 가는 꿈
봄을 마중하는 거룩한 마음
생살을 찢고 나와
하얗게 촛불로 칸다.

순수를 탐하는 시샘에도
온전히 순응하는 고귀한 사랑
두 손 모은 정결한 기도는
스스로를 가두는 절제된 백치미.

때 묻지 않은 그윽한 순정
세상 향해 쏟고 나면
숨 돌릴 틈도 없이
눈물 떨구는 짧은 생(生)
속 깊은 마음을 누군가는 알아주리.

미선나무 꽃피면

딸아이 둘을 시집보내고
도회를 떠나
영동 산촌으로 귀촌한 막내부부
은은한 향기 내뿜는
용두봉 산기슭의 미선나무처럼
우리네 삶 신토불이를 실천하려는지
어쩌다 전하는 소식 속에
산골 향내가 물씬물씬 묻어난다.

초롱 닮은 흰 꽃이
봄바람에 일렁이면
미선나무 꽃향기에 설레는 마음
치렁치렁한 검은 머리 반백이 되어
허연 억새처럼 날려도
알콩달콩한 늙은 사랑 늦바람이 부나
멋스런 산촌 풍경과 어우러진
시들지 않는 젊은 의기가 부럽네.

어울림

국적을 뛰어넘는
고전과 현대의 어울림
청수사 앞마당을 가득 메운 상춘 인파에
새초롬한 봄날이
화려하게 옷을 입었다
알록달록한 기고노 속에
봄을 탐하는 눈부신 속살이 고개를 든다.

봄꽃보다 먼저 꽃피는 여심
기다리기보다 찾아 나설 터
네가 꽃이라면 나는 나비
물오르듯 부푼 마음이
탐스런 햇살 아래 추억을 만들고
계절의 봄보다 가슴속 봄이
더 싱숭생숭 붉게 물든다.

* 청수사 : 일본 오사카에 있는 관광명소.

운명(運命)

철새조차도
머무르고 떠나야 할 때를 아느니
가고 올 때를 미리 안다면
촌각도 헛되이 보내지 않을 걸
운명의 수레바퀴는 멈출 줄을 모르고
가야 할 길은 비껴갈 수 없는데
길 위에 놓인 인생아
너는 어이해 갈 곳을 잃었느뇨.

날개 잃은 천사는
무지개가 뜨는 이상향을
꿈속에서나 그릴 터
흐름을 역행한다 해도
물길을 거스를 수는 없으니
운명을 거부하는 자여
마지막 숨 멎는 날까지
속절없이 지더라도 꽃처럼 피었다 가렴.

봄날

미풍에 간들거리는
벚나무 가지 끝에 걸린 봄볕이
얼굴을 쓰다듬어도
꿈꾸듯 아늑한 봄날의 하오
벚꽃의 하얀 미소가 강물 위에서 춤추고
소녀가 힘껏 페달을 밟아도
은륜의 두 바퀴는 제자리를 맴돈다.

갑천을 바라보며 나란히 앉은 연인
연둣빛 새순들이 속삭이는 봄노래에
물오른 듯 부푼 마음
무료한 강바람이 어깨를 흔들어도
풍경 속 구성요소가 되어
비켜설 줄 모르는데
상큼한 봄날의 향기에 세상이 말갛게 물드네.

*갑천 : 대전어 있는 지방하천.

봄길(2)

가슴에 품은 사랑
한아름 안고 오시나요
마중 나가지도 않았건만
서운해하지도 않고
물 따라 길 따라
느티나무 줄지어 늘어선 들길을
성큼성큼 님의 향기로 물들이네요.

살랑거리는 봄바람에
도톰히 내민 연둣빛 새순들이
님께서 불어넣은 생명의 입김인가요
홍조 띤 얼굴로 오시는 길
겨우내 인고의 시간을
내면에서 승화시킨 설렘으로
길마다 환희의 물결이 출렁이네요.

아름다운 동행

함께 걸어온 길 걸어갈 길
저기 저 길 끝에
무엇이 기다리는지
흐드러지게 핀 벚꽃과 눈맞춤 하느라
봄날은 난분분해도
계절은 가고 오는 것
꽃이 진다고 서러워 말게나.

빛살 좋은 어느 봄날
동행의 손 놓을지라도
이제껏 쌓아온 정분
미운 정 고운 정
지지리 못난 독은 정까지
당신 가슴에 남겨두고 가리
그것이 너와 나의 사랑인 것을.

꽃비에 물든 연심

나풀거리는 흰나비가 무수히
가슴속으로 쏟아져 들어왔어요
지는 꽃잎 하나하나가 사랑이었지요
기약 없는 이별에
콧잔등이 시큰거려도
작별의 노래는 부를 수가 없었네요
애잔한 사랑이라도
마음속에 담아 두어야 하니까요.

빨간 우산 속으로 아쉬움이 몰려와도
하얀 꽃잎이 흐느끼듯 품에 안겨도
잘 가라 손 흔들지 못했어요
꽃비에 물든 연심
봄바람 따라 그 길에 서성이기에
눈 안에 담아둔 그대로
떠나보내기로 했지요
돌아선 뒤에도 아름다운 사랑 간직하려고.

봄날의 사랑(2)

말간 하늘과 어울린
시계탑이 꽃바람에 취하고
희디 흰 속살을 드러낸 벚꽃의 유혹에
짙어지는 봄 향기
연초록 새순들의 앙증맞은 속삭임에
첫눈에 반한 첫사랑처럼
봄날의 사랑이 무르익는다.

은은히 울리는 교회당의 종소리가
하얗게 날리는 꽃비 따라 퍼지고
설렘을 불러오는
화사한 꽃들의 밀어
물오른 나무들의
멈출 수 없는 용트림에
봄은 누구와도 사랑의 왈츠를 춘다.

아름다운 이별(2)

떠나보내는 아쉬움을
애써 감추고
속으로 삼키는 눈물
하얀 꽃비 되어 흐느적이는데
잡아두지 못하는
찰나의 영화(英華)
누가 알랴
그 서러운 마음을.

만남과 떠남은 하나의 수순
떠나는 자와 남는 이
윤회의 삶은 되풀이되는가
화사한 봄날의 이별
발끝에 차이는 낙화이지만
마지막 길이 저리도 아름다운데
내 삶은 숨 멎는 그날
사랑으로 갈무리할 수 있으려나.

＊영화(英華) : 밖으로 드러나는 아름다운 색채.

여름

일출(日出)

붉게 타오르는 저 광명을 보라
어둠은 발 아래로 숨어들고
가슴속에서 잠자던 열정이 깨어난다
세월도 휘어잡는 거센 숨결
속으로 부르는 희망의 노래에
거칠 것 없이 차오르는 새날이
찬연히 하루를 열고

찬 서리 내린 치악산 산정의 청향을
폐부 깊숙이 들이마신
수사슴의 젊은 혈기
용솟음치는 기운은
고산준령 산마루를 내달리는데
이상의 나래는 어디로 향할까
끝 모를 갈구가 푸른 광야를 질주하네.

창덕궁의 아침

미명을 밀어내고
새벽을 여는 창덕궁의 기운
겨레의 의기가 넘쳐난다
반만년 역사의 중심에서
민족의 혼이 되어 지켜온 자존
가슴 아픈 수난의 기억에도
유구한 흐름 속에 내일의 빛이 되네.

매봉산을 등 뒤에 두고
부용지를 품에 안은 부용정에서
유락을 즐기던 선왕의 풍류가
옥류천 맑은 물에 씻기우고
비원의 청정향기 대대손손 이어질 지라
백의민족 고결한 숨결
창덕궁의 아침을 밝히네.

석탑

세월의 무게를 머리에 이고서도
미동 없는 천년의 사색
중생의 번민을 짊어져 잠들지 못하나
자비를 구하는 인파속에 하루가 저물고
밤에는 어깨위에서 아기별이 재롱을 떨어도
계절은 가고 오는데
흔들리지 않는 수행(修行)에
무아(無我)의 경지를 깨쳤을까.

눈비에 침식된 가슴팍으로
꽃향기를 품은 바람이 들고나도
세상을 향한 침묵
안으로 안으로만 부침하는 내면의 성숙에도
무심한 세월을 버티지 못해
모든 것을 버려야 하는 날
한 점 남김없이 내려놓고
유에서 무로 왔던 곳으로 돌아가리.

* 수행(修行) : 〈불교〉 부처의 가르침을
　　　　　　실천하고 불도를 닦는 데 힘씀.

사진 : 전수남

한강

격랑을 달래고 마음을 다스리며
유유히 흐르는 물길
분노와 사랑을 끌어안은
거스를 수 없는 역동성
누구도 막아설 수 없나니
푸른 강물 속에 담긴 큰 뜻이여
나라의 앞날을 밝히는 등불이 되어라.

굴곡의 역사도 수난의 시절도
스치는 바람처럼 지나가노니
겨레의 맥을 이어가는 흐름
내일을 향한 도전 멈추지 않고
민족자존의 역량을 담은
드넓은 포용력이여
새 시대의 창창한 새날을 열지라.

* 창창(蒼蒼)하다 : 나무나 숲이 짙푸르게 무성하다.

사진 : 故 진덕 김태일작가님.

기원

희망을 불어넣은 풍등(風燈)
어디로 향하나
창공을 날아오르며
한 마리 새가 된다
꿈 많은 소년의 소박한 기도
내일 날엔
세상을 비추는 밝은 빛이 될까.

마음을 담은 기원 바람도 비껴가고
정화수 한 그릇에 가족 안위를 비는
어머니의 심정으로
세상 번민을 태워
심중의 짐 내려놓게 하는데
타올라라 성스러운 바람이여
고결한 마음이 천지를 물들이도록.

천국의 문

아무리 올라도
다다를 수 없는 곳
모든 것을 비워도
허울뿐인 빈 몸으로도
육신은 저승으로 왕생할 수 없다
가신 님은
이승의 꿈길에서나 만날 수 있을 뿐.

천국의 문이 열려있다 해서
아무나 드나들 수는 없다
육신을 버린 혼령
날개 없이도
허공 중에 떠돌지라도
넘어설 수 없는 섭리 앞에서는
한줄기 바람이려니.

홀씨의 독백

바람아 무등을 태워줘
머리 풀고 몸 단장하여
드넓은 세상을 만나러 가야지
꽃향기 따라 나선 길
힘들면 쉬어가면 되지.

님을 그리는 마음
어디든 못갈까
모든 것을 비운 몸으로
홀가분히 떠나는 여정
이별은 새로운 시작인 것을.

오월예찬

눈길 가는 곳마다
싱그러운 젊음이 춤을 춘다
눈부신 빛살이 투과된 초록 물결은
넘실대는 윤슬의 바다
씀바귀 질경이 이름 모를 들풀조차도
푸른 오월을 노래하는데
짝을 찾는 직박구리 울음소리 요란하다.

마음을 훔친 바람 더없이 감미롭고
백일 지난 애기의 주먹만 한 왕벚꽃이
연분홍 치마자락을 펄럭이며
처연히 몸을 던져도 농익은 영산홍의 얼굴은
대낮에 무슨 상념에 잠겼는지
더 붉게 달아오르는
오월은 날마다 부러운 청춘이다.

오월의 백담사 가는 길

눈부신 빛살이
초록 잎새 위에서 춤추는 하오
정성으로 쌓은 돌탑
틈새를 파고드는 산바람에도
추호의 흔들림이 없고

대청봉을 바라만 봐도
숨이 가쁘건만
백담사 봉정암을 오르는 바람은
숨 한번 쉬지 않고
단숨에 내달리는데

계곡을 흐르는 물소리에 씻기는 번뇌
세속의 연을 끊은
스님의 맑은 심사(深思)에
청록 빛 순수가 어우러지며
세상이 무구해진다.

동행(同行)

산을 넘고 물을 건너
먼 길 가는 사람아
굽이굽이 도는 길마다
한 움큼 씩 쌓이는 삶의 흔적
한숨 한숨 내쉰 숨결이
너와 내가 엮어가는 강물이 되고

같은 곳을 바라보는 동행
지나온 발자취에 남겨진 추억들이
인생길 훈장처럼 빛나나니
스치는 바람결에
눈시울 붉히는 짧은 시간조차도
인생 여정 소중한 순간인 것을.

적석사의 아침

자욱한 산안개를 품에 안고
묵언 수행 중인 천년고찰
적석사를 에워싼 진초록 초목이
청향을 내뿜으며 아침을 반기면
억겁의 세월을 말없이
세상을 내려다보는 낙조봉이
세속의 번뇌는 흘려보내라 한다.

아침 예불 대신
습기 가득한 잎새의 속삭임에
귀 기울인 동자승의 맑은 마음
산바람에 실려
이리저리 숲을 거닐고
자비를 구하는 중생의 바람
소박한 산사를 휘감아 도네.

바람이 되고 빛이 되는

마음 둘 곳 없을 때
가슴을 쓸며 스쳐가는
한줄기 맑은 바람 같은
마르지 않는 생명수
님에 대한 사랑은
달콤해도 쓰도 늘 품고 있는
영혼의 울림에서 완성된다.

금방 쓰러질 듯한
허우적거림 속에서도
어둠을 밀어내는 빛으로 다가오고
숨 멎는 그날까지 놓지 못하는
순수를 좇는 선(輝)한 그리움
사랑이 무너져도
님은 영원의 꽃으로 피나니.

물처럼 바람처럼

산을 돌아 내려앉는 바람
갈 곳을 잊은 겐가
욕심에 찌든 마음 씻어내려 하나
왔던 길을 되돌아갈 수는 없는데
돌아서면 모두가 잊히우는데
곤한 육신 쉴 곳은 어디메던가.

별조차 잠들지 못하는 밤
기다리고 기다려도 오지 않는 님을
그리워하기에는 너무 멀리 왔는 걸
물처럼 흐르리라
바람처럼 떠나리라
모든 것은 지나가노니.

친구여

누가 먼저랄 것드 없이
가슴을 풀어헤친 만남
어깨동무를 하지 않아도 이어지는 마음
친구여 우리가 걸어온 길 가야할 길
한잔 술로 산을 넘고
말 한마디 성원에
어둠이 밀려나고 새벽이 온다네.

서산으로 지는 해가
우리네 인생이지만
먼저 간 벗도 뒤따를 친구도
길은 달라도 다시 만날 그날
환한 웃음으로 다중하는
새로운 세상이 열릴 지라
마지막 잔은 더 높이 드세나.

북한산

가파른 철계단을 오르내린
우이동 2층 주택
단칸방 서울살이에서
인수봉을 바라보며 풍운의 꿈을 키운 청년
세월 따라 흐른 인생무상
장대한 포부는 물거품으로 사라졌지만
오악(五嶽)의 하나 북한산의 위용
늠름한 위세는 변함이 없네.

서울을 품에 안은 삼각산
구름을 뚫고 솟은 웅장한 자태는
청운의 꿈을 담아내고
계곡마다 흐르는 맑은 물이
천만 시민의 애환을 녹이며
험준한 바위산 서른 두개 봉우리마다
반만년 역사가 스며들었으니
너는 대한을 이끌어가는 지존(至尊)이구나.

*지존하다 : 더없이 존귀하다.

파문(波紋)

한 방울의 낙수가 삼키는 파문으로
잠시 머물다가는
바람의 의력을 가늠할 수는 없지만

초록 잎새가 속삭이는 작은 떨림에도
산 너머 뜬구름은
계절의 흐름을 감지하노니

한 떨기 꽃이 피기 위한 기다림도
바람의 기세에 따라 다르듯
삶의 연결고리는 어디로든 이어지나니

내가 너를 그리는 것은
마법처럼 끌리듯 사랑에 목말라하는
생의 작은 몸부림인지라.

그대를 향한 바람

바람에도 향기가 있답니다
눈을 감고 바람의 향취를 느껴봐요
그리운 고향의 내음이 있는가 하면
아늑한 엄마의 품속처럼
포근한 향내도 있지요
마음이 평화로우면 바람도 다정히 다가오지만
어지러운 혼돈의 시간에는
거센 비바람이 세상을 휩쓸고 가지요.

잔잔한 호수 수면을 미끄러지듯
귓가를 간질이는
바람의 속살거림을 들어봐요
꽃바람처럼 왔어도
머물지 못하는 바람처럼
흔적 남기지 않는 한줄기 바람이고 싶나니
아, 나는 그대 주위를 맴돌다 맴돌다
그리움에 가슴 앓는 바람이고저.

갈망(渴望)의 길

공명(公明)이 무너지는 허탈함은
기대가 허물어지는 상실감으로 엄습한다
벼랑 끝에 두 팔을 벌리고 서있어도
날아오를 수가 없으니
잘못 내딛으면 천 길 낭떠러지로
끝없이 추락하건만
가진 자에게 주어지는 세상은
기회의 파라다이스이런가.

선택적 공정의 기치 앞에
무기력함이 절망과 분노를 생성하는데
이상(理想)으로 쌓아 올린 유토피아는
너와 나의 허상이었나
한갓 무지갯빛 신기루였던가
꿈꾸는 자여 깨어나라
우리가 가야 할 갈망의 새 길은
그대가 열어가야 하나니.

인생(3)

흐르는 물은
낮은 곳을 향해 흘러가듯
반복되는 일상이라도
인생은 그 자리에 머물지를 못하고
거스를 수 없는 흐름 속에서
존재의 의미조차 퇴색되어가며
조금씩 기대에서 멀어져간다.

새소리 물소리 바람소리
살아있는 숨결이 귓전에 머물러도
나풀대는 나비의 날갯짓이
산들바람을 불러올까마는
그래도 의미 있는 생이고 싶은
마지막까지 놓지 못하는 생명줄
어제보다 이만큼 더 멀리 와있다.

장미의 미혹(美惑)

누구를 향한 그리움인지
붉디붉은 고혹적인 미소
황홀한 미혹에
첫눈에 반한 사랑이라 해도
순정은 앗아가지 말아요
영원히 함께할 님을 기다린답니다.

플라밍고 춤을 추는 무희처럼
정열의 화신인 양
뇌쇄적인 눈빛에 몸 둘 바를 몰라도
스쳐갈 사랑이라면
상처는 주지 말아요
화톳불처럼 타오를 사랑을 꿈꾸니까요.

황매산 철쭉

천상으로 향하는 마지막 관문
길손을 영접하는 정원인가
온 산을 물들인
밤낮 구분 없는 별들의 축제
진분홍 철쭉의 화려한 군무(群舞)가
갈 길 바쁜 나그네 쉬어가라 하네.

황매산을 가득 메운 현란한 꽃물결
구름과 바람과 꽃들의 속살거림에
눈길 머무는 곳마다
해맑은 미소가 넘실대는데
저 산 너머서는 누구와 동행하나
님이여 가야할 길이라도 숨 돌리고 가소.

강물은

굽이굽이 흔들리며 어디로 가나
눈물도 아픔도 가슴에 묻고
세상사 번뇌와 시름도 끌어안고
돌고 돌아 흐르고 흐르면
꿈꾸던 극락원에 이르는가.

강물이 흥얼대는 노래를 들어봐
오욕에 굴들지 않은 맑은 물은
드넓은 세상을 다 담고도 남고
역류하지 않고 순리를 따르면
끝내는 바다를 품는다 하네.

절벽과 구릉

아집은 깎아지른 암벽처럼
보통사람들의 접근을 불허한다
절대 선이라는 착각은 견고한 옹벽처럼
스스로 방어막을 구축하노니
나만이 참 선이라는 아집
넘어서지 못할 절벽 같아라.

바람이 와 부딪혀도
햇살이 미끄러져도 상관 않는
천상천하 유아독존의 세계
무너지지 않는 환상 속 철벽에 갇힌
파랑새여 마음의 눈을 뜨라
차라리 만인의 발길이 닿는 구릉이 될지라.

봇재와 초록바다

초록이 짙게 물든 녹차잎 하나
인생의 바다에 조각배가 되어
별빛 따라 밤하늘을 유영하다가
층층의 초록 물결 풍광에 이끌려
봇재 고개에 닻을 내렸네
선인(仙人)이 머무는 세상이 여기 있구려.

진초록으로 출렁이는 녹차밭 위로
괴괴한 달빛은 너울대는데
다원을 찾은 길손
백자 다기에 담긴 녹차 한 잔 앞에 두고
은은한 향에 취해 명상에 잠긴 채
안식을 얻은 듯 밤 깊어가는 줄도 모르네.

* 봇재 : 보성읍과 회천면을 넘나드는 고개.

가을

사랑은 떠나도

먼 길 돌아 돌아
운명 되어 만난 사람
지나치는 순간 순간
그 모두가 사랑이었건만

젊음은 가고
은발이 바람결에 흩날리는 황혼
사랑이 말없이 뒤돌아서도
지나 온 길마다 쌓인 흔적들…

그대와 내가 엮어간 인생여정에
세월 앞에 고개 숙인 열정처럼
사랑은 떠나도
아련한 그리움은 남는다네.

너에게로 가는 길

손을 내밀면 잡힐 듯해도
다가가면 더 멀리 달아나는 걸
너에게로 가는 길
신작로를 달리는 바람처럼
단숨에 네 곁으로 갈 수는 없을까.

애달픈 여운만 남길 바에는
차라리 뒤돌아보지를 말지
머물 듯 머물지 않는
야속한 님의 발걸음

사그라져가는 갈망의 불꽃을
한잔 술로 달래야 하나
눈감고도 너의 모습 그리고픈 데
채워지지 않는 목마름에
오늘도 나는 너를 찾아 헤맨다.

인연(因緣)

툭 던진 말 한마디가 인연이 되었나
정조준한 큐피트의 화살이
심장에 꽂혔나
손을 맞잡고 강을 건너고 산을 오르며
지켜준다는 언약 속에 만리장성을 쌓았네.

감미로운 선율이 내려깔리는
동성로 돌체다방 창가에서
샛별처럼 빛나던 눈빛을
빈 가슴에 끌어안지 않았더라면
그저 스쳐가는 연(緣)이었을지도.

인연은 운명 같은 만남이라 했나
꽃불처럼 타오른 사랑이
인생길 동행에 동반자로
명주실처럼 약해져도 끊어질 듯 이어져
희로애락 따라 사랑도 늙어가네.

마음

명경 같은 호수에 얼굴을 비쳐봐
눈에 익은 모습인지 낯선 형상인지
내면을 들여다볼 수 있어야
아름다운 사람인 게야
탐욕에 굴든 혼탁한 세상에서도
맑은 마음을 지닐 수 있다면
마음을 다스리는 자 세상을 얻을지라.

소명을 망각해가는 사회
생존경쟁에 내돌려 그리 되는 것인가
물에 비친 에메랄드빛 하늘처럼
부끄럼 없는 삶이라면
누구에게나 부러운 인생이거늘
때론 여백을 남겨두는 삶이
더 풍요로운 것을.

꽃지게

짊어진 등짐이
얼마나 무거운지 그때는 몰랐나이다
오직 한길로
앞만 보고 달린 인생
아버지의 어깨가 축 쳐진 것은
모든 것을 내려놓은 탓인 것을
당신을 떠나보내고서 알았습니다.

살아생전에
따뜻한 말 한마디 나누지 못하고
하늘로 오르신 당신
욕심과 욕망을 다 비운 지금에야
아버지의 아픔을 깨닫나이다
젊은 시절 그리도 힘들었던 등짐이
행복의 꽃지게였음을.

여정(旅程)

지는 해가 갈 길을 재촉해도
미지의 세계
누군가는 반겨 주겠지
마음을 나눌 벗 하나 있으면
천리만리 고행길도 마다하지 않겠네.

아침이면 초록빛살이 창을 두드리고
돌아누우면
당신의 미소가
만개한 장미처럼 붉게 타는 밤
영화 같은 환상을 쫓아도

앞날이 보이지 않아도
기약 없는 길이라도 나는 가리라
꿈에 그리는 그곳으로
마지막 숨 멎는 그날까지
가야 할 길 멈추지 않으리.

내면의 소리

내면의 소리에 귀 기울이면
정지된 세상이
나를 중심으로 돈다
삼라만상이 어우러지는 소리
하찮은 미물까지도
사랑을 노래하는 세레나데에
영혼은 더없이 맑아지는 걸.

마음의 눈을 떠 사물을 바라봐
윤슬처럼 잔잔한 평온이 가슴을 적시며
보이지 않던 것도
들리지 않던 속삭임도
선연히 다가오는데
탐욕과 독선의 아집에서 벗어나
순수 자아를 마주함이 참 선(禪)인 것이야.

염원(念願)

드높은 하늘을 동경하던
유년의 시절
까맣게 잊은 건 아니다
꿈이 자란 만큼
더 성숙해지고 우람해졌어도
가슴에 품은 바람 하나
아름다운 나무도
뿌리 깊은 나무가 되는 것.

세상을 아우르는 숲이 되어
청향을 내뿜고
가고 오는 계절마다 새로움을 잉태하여
세속의 시름 달래줄 큰 나무가 되는 것
시류에 흔들리지 않고
누구라도 기댈 수 있는
천년을 가도 변치 않는
세상을 떠받치는 기둥이고 싶네.

생(生)

석양에 물든 호수
수면 위에 내려놓은 무심의 마음
세월을 엮어 인생을 낚는다.

생존하는 만물
깨어있다 해서
모두가 생동하는 것은 아니다.

정지된 시간 속에서도
삼라만상은 흐름을 쫓고
해탈 속에서도 참 생(生)을 찾느니.

귀로(歸路)

석양에 저무는 바다는
가슴 뛰는 젊음즈차도
임종을 지켜보듯 숙연해진다
갈 곳이 없다 해도
곤한 육신 누울 곳을 찾아가는 길
영혼마저 한 줌 재가 되어도
불타는 노을처럼 남김없이 태우고 가야지.

뒤돌아 볼 기력이 남았다면
주마등처럼 스쳐간 지난날의 영욕
가슴에 품은 열정
뜨거운 피 식기 전에 모두 안고 가야지
정해진 길이었나
뛰어넘지 못하는 게 운명인 겐가
가시덤불 험난한 길도 내 길인 것을.

기다림

꽃이 피는 것은
섭리에 순응하는 것이라
제 철을 만나
향기를 품을 때까지는 기다려야 하고

사랑을 꽃피우기 위해선
서로를 향한 감정이
무르익어야 하니
사랑도 때론 기다려야 하는데

사랑을 먹고 자라나는 아기가
엄마의 손길을 기다리듯
내일을 향한 기다림에는
도약을 바라는 기원이 내재되어 있나니.

사랑의 굴레

가고 오는 것이 계절이지만
사랑은 돌아서도
새로운 사랑이 다시 오고
철지난 바람도 더론 다시 오지만
가버린 세월은 뒤돌아보지도 않고
고개 숙인 젊음도 다시 오지 않느니.

만남과 헤어짐이 새로운 시작이라 해도
평행선을 달리는 운명조차도
어느 순간은 교차해서 스쳐가나니
매순간 소중치 아니한 게 없고
미우나 고우나 사랑의 굴레
인생길 삶의 흔적으로 남는다네.

두물머리의 그리움

물길 따라 흐르는 세월의 숨결
지는 햇살이 가슴을 파고드는데
황포돛배는 누구를 기다리는지
님 계신 곳으로
그리움을 실어 보내고 싶어도
미동 없는 바람이 야속하기만 하네.

넘어서지 못한 관념의 장벽에
필연적 이별의 아픔으로
강물을 적시는 눈물이
물안개 되어 피어오르면
두물머리 강둑에 내려앉는 빛살에
님의 마음 실어 보내주소서.

강(江)

세찬 비가 전신을 후려쳐도
유유히 흐르면서
강물 위에 그려지는 울림
말없이 가슴에 담고
햇살이 너울너울 춤추며
유희를 즐기자 해도 침묵하는 강

천년을 흘러도
시류에 물들지 않을 듯
온갖 풍파에도 미동 없이
절제된 침묵으로
세상을 품어 안고는
가야 할 길 제 길을 간다.

계절의 끝에서

이름 석 자 부끄럽지 않으려
한길로만 걸어온 길
무디어져 가는 사랑 앞에서는
술 한 잔에도 심중이 흐려지고

가랑잎은 날리고
가을은 떠나가는데
거리를 배회하는 상념
무엇으로 아쉬움을 달랠까

여운을 남기고 돌아서는 여인처럼
작별을 고하는 가을날에
선 듯 떨쳐내지 못하는 미련
가슴에 스미는 애틋함은 어이하나

멀리서 들리는
개 짖는 소리 처량한데
무엇이 되어 남으랴
계절의 끝에서 홀로 설워 하노니.

추억의 뒷동산

모두들 떠나가고 홀로 남은 소쩍새
구슬피 을어 지서는
등 굽은 소나무도 외로운 고향의 뒷동산
누구라도 두고 은 추억 하나쯤은 있지.

도시의 뒷골목 간판도 없는 노점에서
막걸리 한 잔에 흥얼거리는
그 옛날의 뒷동산에 남겨둔
잊히지 않는 사랑 하나

지금은 어느 하늘 아래서
누구와 팔베개를 하는지
아련한 추억은 밤하늘을 날아올라
서울 하늘 아래 어둑한 밤거리에 묻히니.

만남 -인연의 끈

시간이 흐르며 젊음을 앗아가고
세월의 강 흘러가며 인생을 담아가도
가고 오는 만남 인연이 되어
서로 벗이 될 수 있다면

큰 흐름 속에 한줄기 기억
잊힐 수는 있어도
너와 나의 만남이 생성해내는
편린 하나라도 사장(死藏)시키지 말고

지나고 나서 뒤돌아보며
꽃 같은 시절 그리워하듯
소중한 기억의 저장고에
오늘 너와의 만남을 기억하게 하자.

추억여행

계절이 불러내는 추억여행
뭉클한 가슴 속으로
길마다 어우러진
그리움의 꽃이 핀다.

쉼 없는 흐름 속에
바람을 가르며 질주하는 차창 밖으로
서성이는 세월의 그림자
추억의 뒤안길어 남겨지고

언제였던가
누군가와 걸었던 추억 속 꽃동산도
낙엽 지는 거리를 배회하던 쓸쓸함도
한 폭의 수채화가 되어
가을바람 따라 일렁이네.

가을날의 초상(肖像)

소슬바람과 유희를 즐기던 청단풍이
사색에 잠기면
어딘가로 떠나고 싶은 마음
그리움이 물결진다
가고 오는 계절 앞에서
시절의 흐름을 되새겨보지만
가버린 시절이 다시올까
메마른 가슴에는 외로움만 깊어지네.

아무도 가지 않는 후미진 곳에
홀로 남겨진들
두려울 것조차 없건만
어둠 속 시계의 초침소리에
잠 못 드는 것은 무슨 연유인지
소리 없이 가랑잎이 지고
창틀 아래로 숨어든 귀뚜리가 우는데
열정을 잃은 사랑은 식어만 가네.

이별할 때와 돌아설 때

본능에 이끌린 탐욕이라도
올바른 정신으로
심중의 깊은 울림을 듣는다면
부질없는 욕망은 내려놓아야
등짐이 가벼워짐을 알거늘
오만과 위선으로
참 선(善)을 외면하는 자
욕심의 구렁텅이에서 벗어나지 못한다.

이별할 때와 돌아설 때를 알면
입안의 혀처럼 부리던 권세와 영화도
세월의 덧없음 앞에서
본디 내 것이 아니었음을 깨우치거늘
움켜쥔 손 안의 단맛에 탐닉하는 자
고단한 이의 눈물은 안중에 없고
아집으로는 만인을 감복시킬 수 없을 터
겸허함이 세상을 아우르는 미덕일지라.

삶(2)

창문을 열지 않아도 어김없이 찾아오는
춤추는 빛살과 눈을 맞춰봐
존재의 참 의미를 느낄 수 있어
풀숲 사이를 출렁이는
바람이 되어 봐
싱그러운 생기를 감지할 수 있지
의지가 있는 한 삶은 아름다운 것이야.

가슴 깊숙이 숨어 있는
사랑을 깨워 봐
불씨가 살아있는 한
생명의 불꽃은 타오를 거야
뜻한 바 대로 다 이루지 못했다 해도
도전할 수 있는 한
꿈꿀 수 있으면 생(生)은 축복인 게야.

가을날의 초상(肖像)(2)

누군가 코낸 연서(戀書)를 받아 들었나
얼굴 붉히는 나뭇잎마다
계절의 향기가 굴씬거리고
낡은 시집 책장(冊張) 사이에 묻어둔
젊은 날의 꿈은 그대로인데
그대를 찾아 나선 발걸음
어디로 가야 할지 길을 잃었네.

시절이 깊어갈스록
단풍 따라 물드는 정취
님을 그리는 만큼
비어 가는 가슴 한 켠을
소슬바람이 머물다 가고 나면
먼 길 달려와 전해주는
가을편지만 차곡차곡 쌓여가네.

시월엔

청명한 옥빛 하늘을 날아올라
조각배 하나 띄워놓고
자유로운 영혼 가고 싶은 곳 어디라도
마음껏 유영할 수 있게
한없이 여유롭고 싶은 건
무덤덤해지던 감성이
깊어가는 가을정취에 물들어서일까.

구절초가 소곳이 반기는 숲길을
연인이 아니라도
누군가와 말없이 걷고 싶어지는 건
한적한 공원 아무도 없는 탁자 위에
덩그러니 놓인 빈 술잔 같은
외로움의 그늘에서 벗어나고 싶어서라
시월엔 잊혀진 누구라도 그리워지나니.

세상 탓

혼돈의 시대 시졸이 하 분분(紛紛)해도
삼라만상 존재의 근원은 불변일진데
난무하는 오만의 극치로
방향감을 상실하고 역류하는 물결
눈감고 귀 닫고 초연하려 해도
세치 혀가 궁시렁거리며
목불인견(目不忍見)을 되뇌인다.

평형감을 잃어버린 독선(獨善)은
자아도취에 함돌되어
이카루스의 날개로 권능적 존재가 되려 하고
아류에 맹종하는 동류가 쏟아내는
맹목적 옹위의 소피스트
신물 나는 세상 누구를 탓하랴
너도 나도 아집의 울안에 갇힌 것을.

겨울

고목의 꿈

여름 한 철 무성함을 자랑하던 고목도
제철이 가고 나면
초라한 몰골로도
삭풍에 몸을 떨며 훗날을 기약하느니
하루밤새 자라나는 손톱키만큼씩
날마다 꿈이 커지면
이루지 못한 야망이라도
새 길을 여는 불꽃으로 다시 필지라.

삭정이로 부러져나갈 가지에
내려앉은 고뇌와 번민은
새순 돋는 희망의 밑거름이 되려니
오라 새날이여
고난의 시절을 이겨내면
찬란히 빛날 광명이여
어둠에 밀려난 빛이라도
내일은 눈부신 빛살로 창을 두드리리.

욕망과 순수

산을 오르고 또 오르면
끝내는 정점에 다다르고
발아래 세상을
손가락 하나로 움직일 수 있을 듯해도
언제까지나 정상에 머무를 수는 없나니
손안에 움켜쥔 빛살 마냥
채울수록 허전해지는 것이 욕망일지라.

첩첩산중 불모(不毛)의 암벽 위에서도
홀로 푸르름을 만고(萬古)에 자랑하는
청송의 의기를 닮고파도
세속에 찌든 영혼은
길을 잃은 지 오래
순수를 향한 바람이라도
생명의 불꽃으로 타오르면 좋겠다만.

깨어있는 아침은

세월의 바람에 등을 떠밀린
저무는 해가 지고 싶어지겠냐마는
어둠의 시간은 잠시
눈부신 아침은 다시 오느니
아희야 두려움을 거두고
희망찬 새날을 반겨 맞자구나.

찬란한 빛살 하나하나가
생명의 불씨로 삶을 축복하리니
이상의 나래를 펼치면
저 높은 곳을 향한 열망이 타오를지라
깨어있는 아침은
너와 나의 간절한 바람도 이루게 하리.

황혼인생(2)

구릉지(丘陵地) 산비탈의 화전처럼
깊게 패인 주름 사이사이
손가락 마디마디에
눌러앉은 연륜의 흔적
휑한 바람소리가 종일 귓전에 머물고
방향성을 상실한 육신은
석상마냥 무감각해져 가는데.

고향 산마루를 지키는
등 굽은 소나무가 세월의 흐름을 세듯
홀로 삼키는 고적한 시간
종착역을 향해가는 황혼인생
저녁노을처럼 슥연히 물들고 싶건만
실바람 한 점에도
가슴 뛰던 열정은 다 어디로 갔느뇨.

이별 그 쓸쓸한 뒤안길

만남과 떠남의 수순 속에
모든 것을 다 주어도
회피할 수 없고
멈출 수도 없는 운명의 수레바퀴
멀어져가는 계절의 뒷모습은
의미를 부여해도
간직할 수 없는 그리움일지라.

축제가 끝난 후의
홀로 남은 쓸쓸함은
을씨년스런 허전함으로 다가오고
불같은 사랑 떠나보낸 후
무너져 내리는 가슴 한 켠
무엇으로도 채울 수 없는 처연함이
이별 그 뒤안길에 남겨지는 상흔이나니.

강 앞에 서면

흘러가는 것은 강물만이 아니다
생은 종착지를 향해 항행 중이라
꽃다운 청춘도
뜨겁던 사랑도 흐름 속에 묻히나니
강 앞에 서면
내일날엔 어디쯤에서
내 인생이 방향을 틀까 사색이 깊어진다.

겸허함으로 그대 마음을 채우고
시절을 탓하지 않는
이름 없는 들풀처럼 살아도
강물 위에서 탭댄스를 추는 윤슬
그 영롱한 빛을 눈 안에 담아
세상 어느 곳이던 비출 수 있다면
하루를 살다가도 의미 있는 삶일지라.

인생(4)

한줄기 스치는 바람처럼
모든 것을 내려놓은 빈 몸으로
창창 하늘을 떠돌고 싶어도
세파에 물든 심중은
세속의 사랑을 더 그리워하고

나이 들며 아쉬워하며
말 못 할 사연 하나쯤은
가슴에 묻고 사는 사람들처럼
세월 따라 잊혀가면서
천명(天命)에 순응하는 것이 인생이려니.

까치밥

누구를 기다리나
님을 만날 때까지는 기다림의 시간
시린 높바람에도 꿋꿋한 기개
가슴에 품은 사랑의 맹세
흔들림이 없나니

사무친 그리움에
온몸이 붉게 타들어가도
끝내는 육신을 던져 지켜낼 약속
나는 그대를 위해 마련된
마지막 성찬이노니.

나목(裸木)의 기다림

언젠가는 오리라
손꼽아 기다리는 그 날이
피폐해진 몰골로도
이상(理想)을 버리지 않았으니
마지막 숨결 한 숨까지
한 알의 밀알로 뿌리내리게 하리.

정진에 든 노승처럼
흔들림 없는 수행
침묵하는 인고의 나날
인내의 시간 끝에 찾아올
새날을 위해
내일을 향한 바람 꺾지 않으리.

사랑꽃

별빛처럼 영롱하지 않아도
용암처럼 뜨겁지 않아도
눈빛만으로도 정이 샘솟고
은연중 마음이 전해지는 은은한 사랑
가슴속어 녹아든 사랑이
날마다 웃음꽃을 피게 하지요.

말 안 해도 속을 알고
함께해서 행복한
투정 섞인 말에도
배려가 먼저인 사랑의 합유(合有)
희로애락 속에 괴는 사랑꽃이
시들지 않는 생경꽃이랍니다.

빛살 같은 사랑(3)

언제 어디서든 더 없이 반가운
앙증맞은 모습의 깜직한 사랑
함박웃음 속에 피는
티 없이 맑은 사랑이
할미의 주름살도 펴지게 하고
새삼 행복의 의미를 알게 하는
윤서야, 너는 세상의 희망이란다.

한 음절 한 소절 재잘거리는 어휘가
큰 울림으로 귓가에 남고
거울에 반사된
아침햇살 같은 눈부신 광채로
할부지 마음속으로 뛰어든
너의 작은 사랑은 세월도 멈추게 하는
가슴 뛰는 기쁨이란다.

사랑하는 손녀 '윤서'

삶(3)

끝이 어딘지 알 수 없는 여정
자고 나면 세월이 저만치 가 있는데
왜 사느냐고 묻는다면
무어라 답해야 할지요.

목적 없이 흘러가는 삶은
하루가 어찌 저르는지
생각할 겨를도 없이
계절이 바뀌고 한 해가 가더이다.

바람의 길

거침없는 질주
산을 넘어 거세게 달려온
바람의 포효를 들어본 적 있는가
오만에 취한 안하무인의 굉음을.

두려움을 모르는 바람의 행적
길이 아니라도 스스로 길을 내지만
넘지 못할 장벽 앞에서는
꼬리를 내리고 외력에 굴복하는데

바람의 광기 어린 폭주도
멈출 때를 아느니
나는 새를 떨어뜨리는 권세도
무정한 세월이 가면 추풍낙엽인 것을.

꿈(2)

이루고 이루지 듯한
현생(現生)의 욕망
손안에 움켜쥔 볕살마냥 허망하지만
간직하고픈 꿈은
순수를 노래하는 가객(歌客)이고 싶고

만년설을 가슴에 품고
눈보라 속에서도 우뚝한
설산의 위용을 우러러도
명색(名色)뿐이지만 온갖 풍파에도
가까이서 곁을 지키는 앞산이고 싶네.

겨울나무(2)

등줄기를 파고드는 칼바람
동토의 냉기 속에
푸르름을 꿈꾸는 기다림의 시간
수난을 이겨내고 피는 꽃이
더 향기롭다 했나
나래를 펼칠 그날 머지않아 오리라.

온몸을 휘감아 도는 눈발 속에
각질 사이로 엄습하는 한기
혹독한 시련에도 굴하지 않는 의기에
생명의 불씨 꺼지지 않으리니
아픔을 감내한 만큼
내일날의 희망은 더 무성해지리.

귀향(歸鄕)(2)

둘러봐도 귀 기울여 봐도
유년의 시절 내 동무들
어느 하늘 아래서 꿈을 꾸는지
그리운 소식 알 길 없는데
지워지지 않는 마음속의 귀향.

돌아갈 곳 없는 이방인의 방랑은
어디쯤서 끝이 날지
눈 감으면 아득히 날아오르는 환영
유유히 구천(九天)을 떠돌다가
잊혀진 얼굴 누군가는 만날 수 있으려나.

아침(3)

동녘으로 떠오르는 희망을 보았는가
살아 숨 쉬는 만물이
어둠에서 깨어나는
생명의 소리를 들었는가
아침은 생령(生靈)의 축복이노니.

활기를 불러오는 저 찬란한 빛살을
가슴 깊숙이 쟁여둘 수 있다면
순수를 갈구하는 열정
한겨울 눈 속에서도 피는
진홍빛 동백꽃처럼 꽃필 수 있으련만.

청송의 기상

등줄기를 파고드는 칼바람
동토의 냉기 속에
푸르름을 꿈꾸는 기다림의 시간
수난을 이겨내고 피는 꽃이
더 향기롭다 했나
나래를 펼칠 그날 머지않아 오리라.

온몸을 휘감아 도는 눈발 속에
각질 사이로 엄습하는 한기
혹독한 시련에도 굴하지 않는 의기에
생명의 불씨 꺼지지 않으리니
아픔을 감내한 만큼
내일날의 희망은 더 무성해지리.

겨울숲(2)

젊음에 몸살 앓던 시절은 가고
적막강산 세월의 뒤안길에서
지나간 사랑을 그리는
노객의 자조 섞인 한숨에
흰 눈을 은발처럼 뒤집어쓴
자작나무숲이 속 깊은 울음을 운다.

된바람이 전신을 휘감아 돌아도
북풍한설에 맞서
겨울숲이 지켜내야 할 이상
모든 것을 떠나보내고
더 이상 물러설 곳이 없지만
꿈꾸는 푸르름의 깃발 내릴 수가 없네.

동행(3)

실개울이 개천을 만나 강을 향하듯
당신과의 만남은
인생의 새로운 출발이 되어
백년해로를 다짐하던 그날
초롱초롱한 별들이
대낮에도 우리 어깨 위에서
흥겹게 춤을 췄지요.

목숨을 건 생명의 탄생은
고통만큼 더 큰 기쁨으로
일상 속의 화락(和樂)을 알게 하여
딸아이는 축복 속에
또 다른 동행으로 자신의 길을 가고
이제는 늙어가는 인생길 동행
삶의 참 의미를 깨쳐가네요.

만학천봉이 품은 세상
-김영민 화백님의 '만학천봉'에 부쳐

길도 없는 첩첩산중에도
산을 넘고 넘어
푸른 정기는 이어지고
깊은 골마다 맑은 물
생명수가 끊이지를 않는데

많고 많은 사람 중에
오욕(五慾)에 때 묻지 않은 이
한지에 스민 먹물처럼 퍼진다면
만학천봉의 산수(山水)마냥
순수 무구한 세상 꿈처럼 다가올까.

* 만학천봉(萬壑千峯) : 첩첩이 겹쳐진
   깊고 큰 골짜기와 수많은 산봉우리.

사진 : 김영민화백님 '만학천봉' 작품.

파도(3)

무엇이 그리도 서러운지
밤낮없이 달려와서는
하얗게 부서지는 그리움의 물결
떠나간 사랑 아직도 미련이 남아
회한의 몸부림인 것이냐.

절규하듯 흐느끼는 춤사위에
불러도 불러도 대답 없는 메아리라면
다시 못 올 님이기에
애틋한 연모 해풍에 날려 보내고
차라리 망각 속에 잠들지라.

눈 오는 날

반가운 소식을 전하 듯
소리도 없이 쏟아지는 눈송이
지는 봄날에 날리는 꽃잎처럼
하얀 그리움을 담아
외로운 이들 가슴을 파고들고

잿빛 하늘 저 너머서 보내는
부푼 희망의 메시지
미움도 증오도 모두 덮어
다시 태어나는 순백의 세상
순결무구한 사랑 꽃피게 하네.

겨울산(3)

절체절명의 위기에도
한 치 흔들림이 없는
백전노장 같은 근엄한 모습
침묵 속에 담긴 사랑은
천리 밖까지 품어 안고

살을 에는 삭풍에도
꿈적도 않는 의연한 자태는
마지막 순간까지 등짐을 벗지 않는
피와 땀으로 부흥을 일궈낸
은퇴한 노년의 아버지의 모습 같아라.

외사랑

다가서면 더 멀리 달아나고
바라만 보다 돌아서는
진정을 골라주는
가슴 시린 외사랑은
백일몽처럼 허망하지만

바다를 그리는 강물 속 숭어처럼
대양을 누비는 흰수염고래를 꿈꾸며
님 곁에 머물고픈 바람
청청대낮에 별을 쫓는 몽상이라 해도
그 사랑 멈출 수가 없네.

참과 거짓

손바닥으로 하늘을 가려도
만인의 진심을 훔칠 수는 없고
회피해도 외면해도
마주하게 되는 것이 진실인지라.

참과 거짓을 뒤바꿔
창조적 행태로 포장을 해도
진정을 꿰뚫는 흐름 앞에서는
혹세무민도 공허한 몸부림일지니.

석불이 꿈꾸는 세상

비바람 속에서도 꽃은 피나니
희로애락의 인생
미륵이 될 수는 없지만
고초를 참아내는 삶에서
진정한 생의 의디를 깨치고

오욕칠정(五慾七情)을 버린 무심의 마음
석불이 되어 세상을 관조해도
해탈 속에서 참 생을 얻나니
석불이 꿈꾸는 자비
눈보라 속에서드 사랑을 싹트게 하네.

신간도서

　　　　-도전과 의기

신)바람 나는 내일의 삶을 위한 도전
간)절한 바람은 하늘도 알아주듯
도)도히 흐르는 멈춤 없는 강물처럼
서)두르지 않는 불굴의 의기가 뜻을 이루리.

시나브로

　　　　-사랑의 길

시)공을 초월한 님을 향한 그리움
나)비가 나풀거리듯 눈 감아도 어른거리고
브)라보를 외치며 마주앉은 봄날은 가도
로)망을 이룬 사랑의 동행 늘 꽃길이면 좋겠네.

 # 4행시

엄동설한
            -동행

엄)지손가락을 서로 치켜세우는 지란지교
동)동주 한잔에드 얼굴 붉어지며
설)한(雪寒)을 녹여내듯 마음이 동화되면
한)번의 교류에도 아름다운 동행이 된다.

세대공감
            -모범시민

세)상어 부름 받은 이유
대)한의 남아로 조국을 지키고
공)공선을 위해 솔선수범하는
감)사하며 사는 삶이 내일을 선도한다.

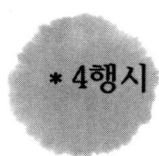
*** 4행시**

유통기한
   -대한의 이름으로(5)

유)구한 흐름 속에 반만년을 이어온 대한민국
통)일을 향한 발걸음 내일을 향해 나아가면
기)원과 성원과 함께하는 어울림으로
한)국인의 끈기와 열정 새로운 역사를 창조하리.

성대모사
   -마음

성)정(性情)을 차분히 다스릴 줄 알면
대)결 국면의 생존경쟁 속에서도
모)든 일에 평정심을 유지하며 바라볼 수 있고
사)회활동도 무리 없이 원만히 영위할 수 있으리.

추모 詩

봄비 속에 떠난 영(靈)을 기리며

스스로 속박하여 천명(天命)도 거부한
자유로운 영혼
이승을 떠나는 야속한 이별
눈물을 가눌 길 없어
봄비는 하염없이 내리는데
가슴에 쌓인 묵은 정 지워지지 않네요.

혼자 떠나기 두려워 길동무를 원하면
그 길 동행하려 했건만
당신께서 허락하지 않으니
한 줌 재로 변한 모습 가슴에 품은 채
님 가신 그 길 뒤따르는 마음
봄비 속을 헤머입니다.

*사진작가 진덕/김태일님의 안식을 빕니다.

사진 : 故 진덕/김태일 작가님

*에필로그 詩

사랑의 길(9)

바라만 봐도 속마음을 알 수 있는
생사고락을 함께하는
내 삶의 동반자
병마가 시기(猜忌)를 해도
세상풍파에 시름을 앓아도
당신과의 백년해로
우리의 버킷리스트이지.

비바람 눈보라 몰아쳐도
인생길 길을 여는
나는 당신을 위한 짐꾼
히말라야를 함께 넘는 셰르파
눈 감는 날까지 인생동행은 계속되고
하늘이 허락한 우리의 사랑
억겁의 흐름 앞에서도 한결 같으리.

* '살며 사랑하며' 사랑이 삶의 근원입니다.

* 끝맺는 말

'화무십일홍(花無十日紅)'이라 했으니
화려한 꽃도 흐름 앞에 고개 숙이는 것이
자연의 섭리인지라 우리네 삶도 그러하리.

힘들게 정상에 올라도 머무는 건 잠시
다시 산을 내려가야 하고
피 끓는 청춘도 세월을 이기는 장사 없다고
지천명의 시절을 넘어 황혼으로 이어지니
생의 전환점은 살면서 여러 고비를 맞는다.

돌아보면 필자의 삶도 순탄치만은 아니했으니
예순 끝 무렵에 암수술 후 일상도 달라졌는데
아직은 날마다 새날을 마중하고 있어
내가 가야 할 길이 남았음을 직시한다.

필자의 시 100여 편을 엮은 '바람이 되고 빛이 되는'를
출간하면서 바람이 있다면 시인의 길을 가면서
눈 감는 그날까지 맑은 마음으로 생을 노래하고 싶은데
해서 독자 한 분이라도 필자의 인생시에
공감을 느낀다면 그로서 시를 쓴 보람이 있으리.

향후로도 마음을 담은 감성시로
시를 사랑하는 분들을 만나 뵐 것을 약속드리며
건강 기원과 작별 인사를 드린다.

2025. 6. 15.

전수남.

바람이 되고 빛이 되는(5집)

초판 발행 2025년 4월 25일
지은이 전수남
펴낸이 김복환
펴낸곳 도서출판 지식나무
등록번호 제301-2014-078호
주소 서울시 중구 수표로12길 24
전화 02-2264-2305(010-6732-6006)
팩스 02-2267-2833
이메일 booksesang@hanmail.net

ISBN 979-11-87170-92-1
값 10,000원

이 책의 저작권은 저자에게 있습니다.
저자와 출판사의 허락 없이 내용의 일부를 인용하거나 발췌하는 것을 금합니다.